国网新疆电力有限公司

社会责任管理
工作指南

国网新疆电力有限公司 ◉ 主编

经济管理出版社

ECONOMY & MANAGEMENT PUBLISHING HOUSE

图书在版编目（CIP）数据

国网新疆电力有限公司社会责任管理工作指南／国网新疆电力有限公司主编 . —北京：经济管理出版社，2022.6

ISBN 978-7-5096-8498-6

Ⅰ . ①国… Ⅱ . ①国… Ⅲ . ①电力工业—工业企业—社会责任—研究—新疆—指南 Ⅳ . ① F426.61-62

中国版本图书馆 CIP 数据核字（2022）第 099579 号

组稿编辑：申桂萍
责任编辑：赵天宇
责任印制：黄章平
责任校对：董杉珊
出版发行：经济管理出版社
　　　　　（北京市海淀区北蜂窝 8 号中雅大厦 A 座 11 层　100038）
网　　址：www.E-mp.com.cn
电　　话：（010）51915602
印　　刷：唐山玺诚印务有限公司
经　　销：新华书店
开　　本：880mm×1230mm/32
印　　张：2.875
字　　数：83 千字
版　　次：2022 年 7 月第 1 版　2022 年 7 月第 1 次印刷
书　　号：ISBN 978-7-5096-8498-6
定　　价：58.00 元

目录

国网新疆电力有限公司
社会责任观   08

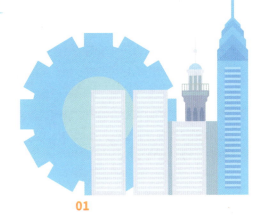

国家电网有限公司
全面社会责任
管理体系   01

国网新疆电力有限公司（以下简称"国网新疆电力"）聚焦新疆维吾尔自治区社会稳定和长治久安总目标，根据新疆能源发展形势和公司工作实际，坚持国家电网有限公司科学的企业社会责任观，本着对每一个利益相关方负责的态度，探索市县级全面社会责任管理，实施覆盖全工作的社会责任根植项目，常态化披露社会责任信息，积极推进透明运营，开展利益相关方沟通交流，努力推动经济、社会、环境综合价值最大化。

为深入贯彻落实国家电网有限公司推进社会责任管理工作的系列部署，国网新疆电力研究编制了《国网新疆电力有限公司社会责任管理工作指南》（以下简称《指南》）。《指南》主要包括国家电网有限公司全面社会责任管理体系、国网新疆电力有限公司企业社会责任观、国网新疆电力有限公司社会责任管理模式、国网新疆电力有限公司社会责任工作保障四部分，旨在对系统内员工更高质量地开展社会责任工作提供理念支撑和路径指引。

公司各部门、各单位要按照《指南》的要求，结合自身工作实际，逐步推进公司社会责任管理体系建设，推动广大员工在日常工作中自觉落实履行社会责任的要求，提高履行社会责任、推进可持续发展的能力与水平，最大限度地提高经济、社会和环境综合价值。

前　言

2020 年 7 月，习近平总书记在企业家座谈会上指出，企业既有经济责任、法律责任，也有社会责任、道德责任。任何企业存在于社会之中，都是社会的企业。社会是企业家施展才华的舞台。只有真诚回报社会、切实履行社会责任的企业家，才能真正得到社会认可，才是符合时代要求的企业家。这一论述深刻揭示了企业、企业家与社会的紧密关系，说明企业只有超越传统的经济利益最大化思维，以助力社会发展、创造综合价值为己任，才能实现更可持续的发展。

当前，企业履行社会责任已经成为全社会的广泛共识。党的十八届三中全会将"承担社会责任"作为深化国有企业改革的六项重点工作之一，四中全会提出"加强企业社会责任立法"，五中全会提出要"增强国家意识、法治意识、社会责任意识"，党的十九大报告中提出要"推进诚信建设和志愿服务制度化，强化社会责任意识、规则意识、奉献意识"，这些充分表明要从国家战略的高度认识企业社会责任，履行好企业应当承担的社会责任。

自 2005 年起，国家电网有限公司立足国情和电网企业实际，积极探索科学的企业社会责任观，致力于从管理变革入手推进企业社会责任实践。2008 年，国家电网有限公司在中央企业中率先实施全面社会责任管理。开展全面社会责任管理，是国家电网有限公司顺应世界企业发展的大潮流、大趋势，贯彻落实科学发展观，服务和谐社会建设，主动转变公司和电网发展方式，充分发挥中央企业责任的表率作用，引领中国企业社会责任持续健康发展的战略举措。

IV

国网新疆电力有限公司
社会责任
工作保障 66

III

国网新疆电力有限公司
社会责任
管理模式 14

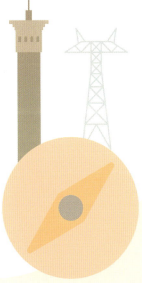

V

附录 70

III 国网新疆电力有限公司
社会责任管理模式

IV 国网新疆电力有限公司
社会责任工作保障

V 附录

社会责任管理工作指南　01

I

国家电网有限公司
全面社会责任
管理体系

国家电网有限公司企业社会责任定义

企业社会责任，是指企业通过透明和道德的行为，有效管理自身决策和活动对利益相关方、社会和环境的影响，追求经济、社会和环境的综合价值最大化的意愿、行为和绩效。

国家电网有限公司社会责任内容

外部视角的社会责任	公司视角的社会责任
★ 保障可靠、可信赖的能源供应	★ 履行科学发展责任 ★ 履行安全供电责任 ★ 履行卓越管理责任 ★ 履行科技创新责任
★ 负责任地对待每一个利益相关方	★ 对用户履行优质服务责任 ★ 对农业、农村、农民履行服务"三农"责任 ★ 对员工履行员工发展责任 ★ 对伙伴履行合作共赢责任 ★ 对社区履行企业公民责任
★ 努力做绿色发展的表率	★ 对环境履行环保节约责任
★ 负责任地开展国际化运营	★ 履行国际运营责任
★ 保证运营透明度和接受社会监督	★ 履行沟通交流责任

国家电网有限公司社会责任观八大关键点

社会责任内生于公司运营过程

离开建设和运营电网的具体过程和综合绩效谈社会责任是缘木求鱼、舍本逐末。

确定公司社会责任内容的核心

理解和认识公司运营对社会和环境的影响，包括积极影响和消极影响。有什么样的具体影响，就有什么样的社会责任内容。

公司履行社会责任的内涵

通过与利益相关方的充分沟通与有效合作，管理好公司运营对社会和环境的影响，可以最大限度增加积极影响，最大限度减少消极影响。

判断负责任的企业行为的标准

企业行为保持透明和道德，包括遵守法律规范、伦理底线和商业道德，考虑利益相关方的期望和利益，致力于可持续发展，以及推动利益相关方参与，保证运营透明度。

企业社会责任是企业主动担责的意愿、行为和绩效的统一

意愿内生于企业的治理机制安排，包括公司使命、价值观、战略和组织制度，以及外部压力与动力；行为是指企业主动担责的履责实践；绩效是企业对可持续发展的贡献，即创造的经济、社会、环境价值，以及让利益相关方和社会满意的运营透明度。

公司履行社会责任的目的

超越单纯追求利润最大化的狭隘目标，在追求经济、社会、环境综合价值最大化的进程中，努力实现企业可持续发展与社会可持续发展的统一与和谐，塑造人民心中可靠、可信赖的责任央企品牌。

建设责任央企的核心是做到"价值、透明、认同"

价值要求公司追求经济、社会、环境综合价值最大化；透明要求公司强化透明度的顶层设计、制度建设和沟通创新；认同要求公司理解、认识和引导利益相关方和社会的期望。

履行社会责任是公司及其员工变革的过程

履行社会责任是探索和实践员工新的工作方式、企业新的发展方式、企业新的社会沟通方式、企业新的管理模式的过程。

国家电网有限公司全面社会责任管理模型

1　全面社会责任管理定义

全面社会责任管理，是企业在科学的社会责任观指导下正在形成的新的管理模式。它是企业以自身行为应对社会负责任的价值追求为动力，以充分实现企业的社会功能为内容，通过激发利益相关方的社会价值创造潜能，有效管理企业运营对社会和环境的影响，最大限度地实现经济、社会和环境的综合价值的管理模式。

2　全面社会责任管理"鼎·心"模型

"鼎·心"模型作为国家电网全面社会责任管理模型，主要从全面社会责任管理目标及其实现方式和全面社会责任管理内容及其保障机制两个层次对国家电网的全面社会责任管理工作做出顶层设计和理论铺垫。

模型创意

在中国传统文化里，鼎是国之重器，象征社稷，心怀国鼎，表明国家电网心系社稷，表达公司对社会责任的自觉追求；鼎是承诺，心中立鼎，表明国家电网一言九鼎，表达公司对社会责任的坚定承诺。

"一鼎双心"
——直观地表达了国家电网有限公司的社会责任观。

"双心成鼎"
——表明公司上下用心尽责，凝聚内外合力，共同造福国家社稷。

"鼎·心"模型系统诠释了国家电网有限公司全面社会责任管理的四大模块和二十一项构成要素，以及各模块和各要素之间的关系。

Ⅲ 国网新疆电力有限公司
社会责任管理模式

Ⅳ 国网新疆电力有限公司
社会责任工作保障

Ⅴ 附录

社会责任管理工作指南 05

全面社会责任管理"鼎·心模型"

管理目标模块

★ 包括坚持以科学的企业社会责任观为指导、优化公司使命、丰富企业价值观、实施可持续发展战略、实现社会责任管理的"全员参与、全过程覆盖、全方位融合"五大要素

★ 国家电网有限公司坚持持续探索、宣贯、检验和完善科学的企业社会责任观，并以此为前提和指导，重新定位公司管理目标，确立了追求综合价值最大化的公司使命，塑造全面履行社会责任的企业价值观，实施追求综合价值最大化的可持续发展战略，按照"全员参与、全过程覆盖、全方位融合"的总体目标持续推进全面社会责任管理

管理机制模块

★ 包括责任领导力、公司治理结构、社会责任推进管理、优化决策管理、优化流程管理、完善制度建设、完善绩效管理七大要素

★ 强大的责任领导力、合理的公司治理结构和有效的社会责任推进管理，既是公司全面社会责任管理的重要内容，也是推进全面社会责任管理的根本保障。确保公司决策管理和流程管理全面融合社会责任管理理念，是从源头上推动社会责任管理理念全面融入公司运营过程的基础和保障。完善制度建设和绩效管理，则是建立公司全面社会责任管理长效机制的根本保证

Ⅲ 国网新疆电力有限公司
社会责任管理模式

Ⅳ 国网新疆电力有限公司
社会责任工作保障

Ⅴ 附录

社会责任管理工作指南　07

管理内容模块

★ 包括优化业务运营、优化职能管理、优化运行机制、公司公益管理、企业文化建设、利益相关方管理、公司沟通管理七大要素

★ 全面社会责任管理在管理范围上的核心特征是"全员参与、全过程覆盖、全方位融合"，具体体现就是社会责任管理理念全面融入业务运营、职能管理、运行机制和企业文化建设，并全面推动和加强公司公益管理、利益相关方管理和社会沟通管理，以充分发挥公司现有业务和创新业务的综合价值创造潜力

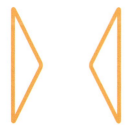

管理动力模块

★ 包括充分发挥利益相关方驱动作用和充分发挥社会环境驱动作用两大要素

★ 社会履责大环境和内生于企业运营过程中的利益相关方环境，是持续推动企业探索社会责任管理的不懈动力。国家电网有限公司深刻认识两大外部动力，关注社会履责环境的不断发展，激发利益相关方合作推进可持续发展的潜能和优势，充分发挥利益相关方和社会环境对公司全面社会责任管理的驱动作用

国网新疆电力有限公司
社会责任观

国网新疆电力有限公司
社会责任管理模式

 国网新疆电力有限公司
社会责任工作保障

Ⅴ 附录

社会责任管理工作指南 09

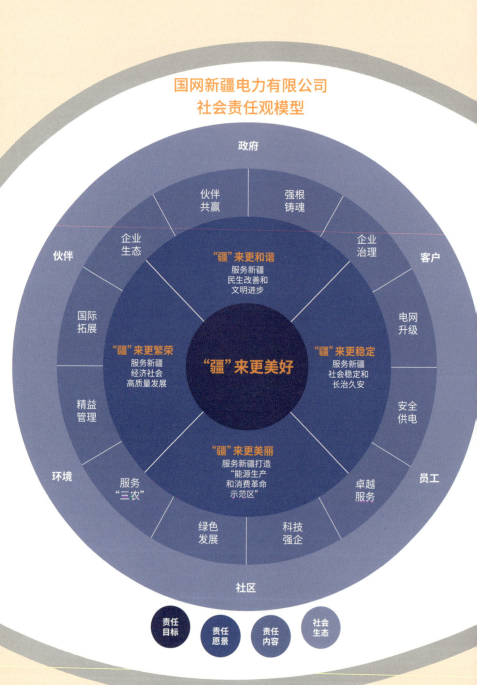

国网新疆电力有限公司
社会责任观模型

政府

伙伴
共赢

强根
铸魂

伙伴

企业
生态

"疆"来更和谐
服务新疆
民生改善和
文明进步

企业
治理

客户

国际
拓展

电网
升级

"疆"来更繁荣
服务新疆
经济社会
高质量发展

"疆"来更美好

"疆"来更稳定
服务新疆
社会稳定和
长治久安

精益
管理

安全
供电

环境

服务
"三农"

"疆"来更美丽
服务新疆打造
"能源生产
和消费革命
示范区"

卓越
服务

员工

绿色
发展

科技
强企

社区

责任
目标

责任
愿景

责任
内容

社会
生态

III 国网新疆电力有限公司
社会责任管理模式

IV 国网新疆电力有限公司
社会责任工作保障

V 附录

社会责任管理工作指南 11

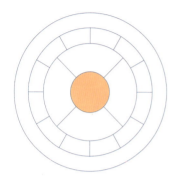

国网新疆电力有限公司
社会责任观阐释

责任目标

以"'疆'来更美好"为公司推进社会责任工作的核心目标，努力实现企业可持续发展与新疆经济社会高质量发展的和谐统一，塑造可靠可信赖的责任央企品牌形象

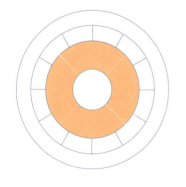

责任愿景

★ **"疆"来更繁荣**——服务新疆经济社会高质量发展：以科学电网规划和坚强智能电网建设，满足新疆经济社会发展用电需要

★ **"疆"来更稳定**——服务新疆社会稳定和长治久安：以可靠电力供应和优质供电服务，助力新疆社会稳定和长治久安

★ **"疆"来更美丽**——服务新疆打造"能源生产和消费革命示范区"：以电源侧、电网侧、消费侧绿色转型，助力新疆打造"能源生产和消费革命示范区"

★ **"疆"来更和谐**——服务新疆民生改善和文明进步：以负责任的态度对待每一个利益相关方，助力新疆民生改善和文明进步

III 国网新疆电力有限公司
社会责任管理模式

IV 国网新疆电力有限公司
社会责任工作保障

V 附录

社会责任管理工作指南   13

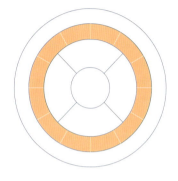

责任内容

结合国家电网有限公司社会责任核心议题、国网新疆电力推动国家电网有限公司战略目标在新疆落地行动重点，以及利益相关方对公司的期望诉求，确定了"强根铸魂、企业治理、电网升级、安全供电、卓越服务、科技强企、绿色发展、服务"三农"、精益管理、国际拓展、企业生态、伙伴共赢"十二项责任内容，并围绕责任内容开展社会责任实践和社会责任信息披露工作

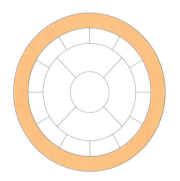

社会生态

由"政府、客户、员工、社区、环境、伙伴"六类与公司密切相关的利益相关方，构成了企业发展的社会生态。公司持续完善利益相关方沟通机制，了解利益相关方的期望与诉求，推动利益相关方参与企业社会责任行动，以良好的社会生态为企业可持续发展赋能蓄力

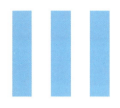

国网新疆电力有限公司
社会责任管理模式

III 国网新疆电力有限公司
社会责任管理模式

IV 国网新疆电力有限公司
社会责任工作保障

V 附录

社会责任管理工作指南　　15

国网新疆电力有限公司
社会责任管理模型

国网新疆电力有限公司
社会责任管理模式

 国网新疆电力有限公司
社会责任工作保障

Ⅴ 附录

社会责任管理工作指南　17

"1" 个核心目标

以"'疆'来更美好"为公司推进社会责任工作的核心目标，努力实现企业可持续发展与新疆经济社会高质量发展的和谐统一，塑造可靠可信赖的责任央企品牌形象。

"3" 项基本原则

在开展社会责任管理、推进社会责任实践中，始终坚持"利益相关方识别与参与、综合价值创造最大化、透明运营"三项基本原则。"利益相关方识别与参与"是指，企业的社会责任实践一方面需要满足利益相关方的基本诉求，另一方面需要利益相关方的参与和推动。"综合价值创造最大化"是指，企业的社会责任实践要坚持经济、社会、环境的综合价值最大化。"透明运营"是指，企业要将社会责任管理、社会责任实践相关内容以清晰、准确、及时、诚实和完整的方式向利益相关方公开。

"6" 大实施路径

以"社会责任根植项目、社会责任信息披露、社会责任沟通交流、社会责任课题研究、社会责任能力建设、社会责任示范基地"为公司开展社会责任工作的实施路径，不断提升公司履行社会责任的能力和水平。

社会责任根植项目

1　内涵

1-1　社会责任根植

社会责任根植是指将社会责任理念与管理方法根植到公司特定的工作或业务中，从而解决企业或利益相关方面临的各类问题，提高公司综合价值创造能力的一种社会责任管理手段。

1-2　社会责任根植项目

社会责任根植项目是指由企业社会责任主管部门与业务部门共同策划实施的，以项目化运作和项目制管理方式推进的，有效融入社会责任理念、工具和方法，有助于提升企业可持续发展能力和品牌美誉度的工作与任务。

国网新疆电力有限公司
社会责任管理模式

 国网新疆电力有限公司
社会责任工作保障

Ⅴ 附录

社会责任管理工作指南   19

"精普结合"

1-3　社会责任根植特点

★ **聚焦问题或价值：** 社会责任根植都是围绕解决企业或利益相关方面临的某个或某类具体问题，或提升企业和利益相关方的价值创造能力而展开

★ **运用社会责任理念方法和工具：** 社会责任根植的核心是尝试突破和创新，用社会责任的理念和管理方法解决所聚焦的问题，提升价值创造能力

★ **重视与企业运营的融合：** 社会责任根植要落实到企业具体的运营中，是对企业特定工作和业务的创新与改进

★ **注重用综合价值评判成效：** 社会责任根植的最终成效不仅要以企业自身为考量，还要考虑外部利益相关方，以经济、社会与环境综合价值最大化作为根植的终极目标

2　内容

2-1　选题立项

项目实施单位以问题、变化、价值、特色、品牌为导向，开展项目的选题报送。选题需明确项目核心主题、工作范围、初步思路、资源保障等。

① 找问题

★ **找谁的问题：** 供电公司的问题、利益相关方的问题、纯社会问题

供电公司的问题： 工程受阻、电压不稳、树线矛盾、停电信息告知效果差、95598 投诉率高等

利益相关方的问题： 表后服务、弃管小区用电问题、钓鱼触电问题等

纯社会问题： 留守儿童、孤寡老人、困难群体、生态环境保护等

★ **谁来找问题：** 专业部门 + 社会责任部门

方式一： 组织专业部门向社会责任部门报送根植项目选题，由社会责任部门对征集到的选题进行初筛

方式二： 社会责任部门与专业部门以座谈会的形式讨论选题，专业部门提出工作中存在的问题，社会责任部门分析问题是否能通过根植项目解决

★ **找问题方式：** 自我剖析问题 + 别人指出问题

自我剖析： 专业部门分析本部门工作流程、方法、效果方面存在的问题

别人指出： 以内外部利益相关方评价为依据发现工作中存在的问题

★ **问题的来源：** 日常工作中常见的问题或需要予以解决的问题

国网新疆电力有限公司
社会责任管理模式

 国网新疆电力有限公司
社会责任工作保障

Ⅴ 附录

社会责任管理工作指南　21

② 识问题

★ **问题真实性：** 判断是否是真实存在的问题

★ **问题可解性：** 分析问题成因＋解决方式＋所需资源，判断能否解决

★ **问题相关方：** 分析解决问题需涉及的内外部利益相关方

★ **问题价值性：** 分析解决问题对公司、利益相关方、社会环境的价值

③ 定问题

★ **确实有需要：** 真实、紧迫、必要、"非做不可"

★ **资源易协调：** 人力、物力、财力容易协调

★ **举措好落地：** 合作难度、技术难度、管理难度小

★ **价值最大化：** 对公司、利益相关方、社会环境意义价值大

④ 写报告

★ **立项报告：**

拟项目题目——主标题（社会化表达）＋副标题（具体工作名称）

析项目背景——忌"假、大、空"，宜聚焦问题本身

理项目思路——社会责任理念、方法、工具结合具体工作

订实施计划——具体举措、进度安排

设预期成效——对公司的意义、对利益相关方的意义、社会环境综合价值

2-2　策划实施

项目实施单位策划、制定项目的具体工作步骤，形成目标明确、
举措可行、分工合理、节点清晰的项目实施方案，并按照实施方
案有序推进各项工作任务。

① 列任务

★ **列任务原则：** 方法要融入，切忌"两张皮"；资源先评估，易做是前提；
数量不在多，有效是关键

*在确定项目任务举措时，需要将社会责任理念、方法、工具融入具体
工作中，避免出现社会责任和业务工作脱节、"两张皮"的现象。*

*需要先评估是否具有开展某项工作的人力、物力资源或能力，选择能
够实现、容易完成的任务。*

★ **列任务方式：** 专业部门、社会责任部门、利益相关方共同讨论确定

② 明分工

★ **分工的原则：** 明确责任边界、让专业的人做专业的事
★ **谁参与分工：** 专业部门、社会责任部门、利益相关方

③ 定节点

★ **怎样定节点：** 上级单位要求、自身实际情况相结合
★ **常见的节点：** 立项、月度总结、中期检查、终期评审

④ 留痕迹

★ **留哪些痕迹：** 调研访谈、沟通合作、实施过程等
★ **怎样留痕迹：** 文字纪要、现场照片、录音视频等

2-3　评估总结

项目实施单位就项目的实施情况进行阶段性评估总结。总结一般分为阶段性总结和最终总结，一般包括总结报告、汇报 PPT、视频等形式。

① 做汇报

★ **中期汇报：**

进度时刻盯——汇报项目实施进度

经验多分享——汇报项目好的经验做法

问题及时说——汇报项目存在的问题和困难

计划动态调——汇报项目下一步计划

② 写报告

★ **总结报告：**

标题要点睛——主标题生动贴切，副标题传递信息

背景谈问题——聚焦项目要解决的问题

理念用准确——社会责任理念、方法、工具运用准确

举措图文表——运用文字、模型、图片、表格等形式说明举措

成效内外全——内部（企业内部运营）、外部（利益相关方，社会环境价值）

2-4 提升推广

优秀的社会责任根植项目，可以在全疆系统以及国网系统进行传播与推广，进一步扩大项目的影响力和价值。

① 常改进

★ **哪些要改进：** 自身发现的问题、评审提出的问题、利益相关方反馈的问题

★ **要怎样改进：** 延续性根植项目改进提升或新根植项目解决问题

② 勤转化

★ **转化的方向：** 案例、新闻报道、研究论文、管理创新课题等

③ 多推广

★ **推广的内容：** 具有普遍适用性的理念方法

★ **推广的对象：** 面临同问题、身在同地域、深耕同领域等

★ **推广的方式：** 汇报、座谈、新闻报道、研究论文等

3 路径

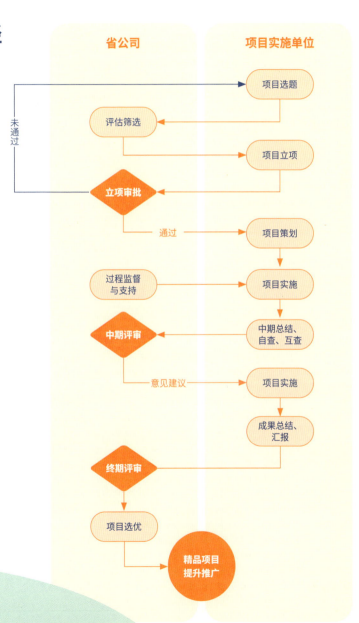

社会责任根植项目重点工作

工作阶段	工作内容	实施单位
选题立项	社会责任根植项目选题征集、讨论、报送	各单位社会责任主管部门、各业务职能部门
	社会责任根植项目选题评估、指导、确定	省公司党委宣传部
	社会责任根植项目立项报告写作、报送	各单位社会责任主管部门、根植项目牵头部门
	社会责任根植项目立项报告评估、审核 * 经评估确定 5~7 个重点项目	省公司党委宣传部、外部专家
策划实施	社会责任根植项目实施方案策划、制定	各单位社会责任主管部门、根植项目牵头部门
	按照实施方案组织开展项目各项工作任务	各单位社会责任主管部门、根植项目牵头部门
	社会责任根植项目实施月报报送	各单位社会责任主管部门、根植项目牵头部门
评估总结	社会责任根植项目中期成果总结、汇报	各单位社会责任主管部门、根植项目牵头部门
	社会责任根植项目中期进度检查、互评	省公司党委宣传部、各单位项目负责人
	社会责任根植项目终期成果总结、报告写作	各单位社会责任主管部门、根植项目牵头部门
	社会责任根植项目终期汇报、评审、发布 * 经评审选出 3~5 个精品项目	省公司党委宣传部、各单位项目负责人、外部专家
	社会责任根植项目终期成果、佐证材料整理、归档	省公司党委宣传部、各单位项目负责人
提升推广	将评选出的精品项目在地域间、系统间宣传推广	省公司党委宣传部、各单位项目负责人

4
本节要点

✓ 根植项目不只是主管部门自己的事，要**与专业部门协同推进**

✓ 项目**选题**要以**问题为导向**，项目实施是为了解决具体问题

✓ 项目**实施**要有**内外部利益相关方的参与**，不能"单打独斗"

✓ 项目实施过程的**图文影音痕迹要留好**，避免总结生编硬造

✓ 项目实施全过程要跟好省公司的节奏，做到**按节点推进度**

✓ 项目成果总结要重点体现**利益相关方的参与、贡献和影响**

✓ 项目成果总结要重点体现**经济、社会、环境综合价值创造**

社会责任信息披露

1　内涵

1-1　社会责任信息披露机制

社会责任信息披露机制是指公司为利益相关方及时、全面地了解公司履行社会责任的业绩，保证利益相关方的知情权、监督权，促进形成相互信任与共识而建立的社会责任信息披露的方式、渠道和程序。

1-2　社会责任信息披露报告书

社会责任信息披露报告书是企业为全面反映管理自身运营对利益相关方和自然环境的影响所进行的系统性信息披露，是对企业履行社会责任的理念、行动、绩效和计划的综合反映。

III 国网新疆电力有限公司
社会责任管理模式

IV 国网新疆电力有限公司
社会责任工作保障

V 附录

社会责任管理工作流落　　29

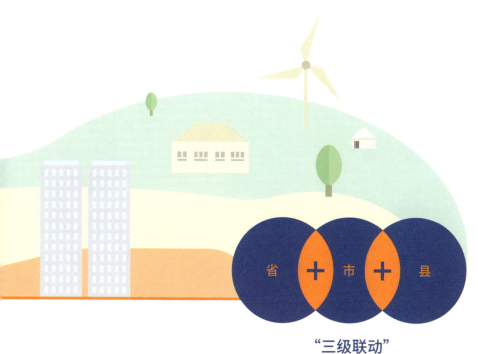

"三级联动"

1-3　社会责任信息披露报告书核心功能

★ **以责任视角系统展现企业价值：** 编制报告书的过程是以社会
责任理念对公司工作进行重新梳理和解读，即以利益相关方视
角，侧重分析业务与利益相关方的关系、对其产生的影响，重
在展示价值创造的意愿、过程与结果

★ **建立与利益相关方沟通的新方式：** 报告书的内容区别于业务
信息、宣传报道以及工作汇报等，在内容表达上注重从工作与
专业到责任与价值的转化，在渠道上增加与利益相关方的沟通
机会，拓展与利益相关方沟通的内容

★ **形成企业内部对话的新机制：** 通过报告书的编制与发布，在
企业内部有效传播和导入社会责任理念，构建起基于新的共
同理念的内部对话机制，推动员工工作的认知改变、行为改
变和绩效改变，促进企业运营方式和管理方式的创新

2 内容

2-1 前期筹备

① 建团队

★ **组建领导小组：** 统筹＋决策＋协调＋汇报

报告编制领导小组主要负责： 统筹报告编制发布全过程； 对报告编制发布的各项工作进行决策； 协调专业部门、外部利益相关方的支持和参与； 向上级领导汇报报告编制成果

★ **组建编制小组：** 执行＋具体协调

报告编制小组主要负责： 执行领导小组的各项决策，包括但不限于确定报告主题框架、收集内外部资料、完成报告撰写设计、组织报告发布传播活动等； 具体协调专业部门、设计团队、活动策划团队的参与合作

② 明主题

★ **了解各方诉求：** 内＋外

了解各专业部门年度重点工作及希望对外披露的信息，以及政府、公众、用户、伙伴等利益相关方希望获取的信息

★ **确定报告类型：** 议题型、利益相关方型、综合型

议题型指报告主要回应某一议题，如优化营商环境、特高压、新能源发展专项报告； 利益相关方型指报告主要回应某一类利益相关方，如员工发展、社区建设专项报告； 综合型指报告主要展现公司社会责任管理、实践、绩效等各方面的内容

★ **拟订报告主题：** 言简意赅＋外部视角＋地方特色

③ 定计划

★ **定计划的流程：** 梳理工作内容→预判工作时间→明确发布时间→倒排时间进度→制定关键控制点

2-2　资料收集

① 列清单

★ **首轮资料收集：** 报告编制前进行的资料收集，要明确资料时间范围、明确资料出口部门、明确资料反馈方式、明确资料反馈时间

★ **补充资料收集：** 报告初稿完成后进行的资料收集，要整理所缺资料内容、明确提供资料部门

★ **资料收集类型：** 文字、数据、图片

② 集内外

★ **资料收集范围：** 企业内部、企业外部

★ **内部资料包括：** 企业及部门发展规划、工作总结、重要领导讲话、重大项目活动总结、企业内网新闻、企业微信推文

★ **外部资料包括：** 国家及地方政府政策、发展规划、政府工作报告、重要领导讲话、与企业相关的新闻报道

2-3　确定框架

① 理逻辑

★ **报告内容模块：** 开篇（报告概况、前言、致辞、公司概况、发展战略、责任管理）＋核心篇（履责行动、履责绩效）＋尾篇（履责承诺、展望、报告评价、报告对标、读者反馈表）

★ **逻辑体系形式：**
回应政府战略型——对照政府政策性文件的重点工作部署确定报告框架
三重底线型——根据经济、社会、环境三个维度确定报告框架
议题型——根据企业识别出的社会责任实质性议题确定报告框架
利益相关方型——根据不同利益相关方的期望确定报告框架

② 筛议题

★ **选择相关议题：** 综合考虑社会责任标准指南（ISO26000、GRI4.0、ESG 等）＋地方政府重点工作部署＋利益相关方关注议题＋企业实际工作内容，选择责任议题

★ **实质性议题分析：** 综合分析议题的利益相关方关注度＋对企业发展的重要程度，进行议题排序

③ 起标题

★ **标题逻辑要求：**

层次性——同一级别的标题在同一个层面上，上一级别的标题逻辑上包含下一级别

单一性——一个标题只表达一个意思，同一级别的标题相互独立，避免含义交叉

准确性——标题表达的含义与所写内容一致

简明性——标题在对内容高度概括的基础上，简单易懂

★ **标题表达要求：** 体现核心工作＋体现价值影响

2-4 撰写设计

① 优文字

★ **常见写作体例：**

标题段——通常可包括政策回应、举措概括、意义阐述

正文——按一定逻辑全面梳理举措及成效

案例——具体说明某项工作／事件的开展背景、经过、结果、影响

绩效——以社会化的数据说明工作成效

★ **内容表达要求：** 文字、图片、案例、数据相结合
★ **语言风格要求：** 忌内部工作总结式的语言，宜通俗易懂、生动形象的语言

② 重设计

★ **封面设计要求：** 融合经济、社会、环境元素，体现行业、企业、地方特色

★ **内页设计要求：** 字号、字间距、行距统一，主次分明，图文排版合理

2-5　发布传播

① 定时机

★ **常见发布时机：** 社会重大活动、企业计划的社会性活动、重要节日

② 定形式

★ **常见发布形式：** 发布会、媒体新闻发布、企业新媒体平台发布

3 路径

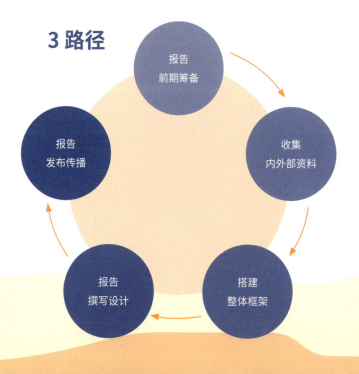

社会责任信息披露重点工作

工作阶段	工作内容	责任部门、参与人员
报告前期筹备	组建报告编制领导小组、编制小组	各单位社会责任主管领导、社会责任主管部门
	对报告编制需要协调的人力、物力资源进行系统性策划	
	明确报告定位、类型、主题	
	制定报告编制时间进度、工作计划表	
收集内外部资料	拟定报告资料清单,并下发至各专业部门	各单位社会责任主管部门
	各专业部门根据资料清单整理、反馈相关文字、数据、图片资料	各单位业务职能部门
	根据实际需求,组织内外部调研访谈,补充收集资料	各单位社会责任主管部门、内外部利益相关方
	对各部门反馈资料、调研访谈结果、其他外部资料进行整理归纳	各单位社会责任主管部门
搭建整体框架	确定报告主体内容的逻辑体系	各单位社会责任主管部门
	对报告拟披露议题进行识别筛选和实质性分析	各单位社会责任主管部门、内外部利益相关方
	拟订报告各内容模块的一级、二级标题	各单位社会责任主管部门
报告撰写设计	明确报告内容的写作体例、写作风格、详略程度等	各单位社会责任主管部门
	确定报告设计的风格、版式等	各单位社会责任主管部门、设计团队
	撰写报告初稿,并进行设计稿初排	各单位社会责任主管部门、设计团队
	将报告下发至各专业部门征求意见	各单位社会责任主管部门、各专业部门
	根据各部门补充资料、反馈意见修改报告	各单位社会责任主管部门、设计团队
	将报告交由社会责任主管领导审阅,并根据反馈意见修改至定稿	各单位社会责任主管领导、社会责任主管部门、设计团队
报告发布传播	制作简版报告、海报、H5、短视频等,丰富报告的传播和表现方式	各单位社会责任主管部门、设计团队
	策划报告发布活动,明确发布时间、地点、形式、参与人员等	各单位社会责任主管部门
	开展报告发布、报告赠阅等各类传播活动	各单位社会责任主管部门、内外部利益相关方

III 国网新疆电力有限公司
社会责任管理模式

IV 国网新疆电力有限公司
社会责任工作保障

V 附录

社会责任管理工作指南   35

4
本节要点

√ 报告编制首先需要明确**主题、类型、时间范围、上级单位要求**

√ 报告内容选择要综合考虑**公司做了的**＋**利益相关方想看的**＋**社会责任标准指南要求披露的**

√ 报告常见的写作体例有**正文**＋**举措**＋**案例**＋**图片**＋**数据**＋**图表**＋**故事**，可排列组合灵活选择

√ 报告编制要注重可读性，语言上**忌用"行话"**，宜**平实易懂**，设计上**图文结合、疏密适当**

√ 报告编制不只是社会责任主管部门的工作，资料收集、文稿审核都**要有专业部门参与**

√ 报告发布传播要**注重形式的多样性**，尽可能**覆盖各类型利益相关方**

社会责任沟通交流

1　内涵

1-1　社会责任沟通交流

社会责任沟通交流是企业面向利益相关方的非定向沟通，是传递企业信息和价值，化解企业与社会矛盾，建立良好社会关系与品牌形象的重要方式。

"一品多优"

1-2　社会责任沟通交流的目的

★ **提升企业声望和形象：**社会责任沟通的首要作用是建立一个统一、自洽且可信的负责任的企业形象，进而提升公众对企业的好感和认可度

★ **增进企业合法性和可信度：**通过向公众展示企业在环境、社会等方面行为的正当性和积极作用，建立、保持或者恢复企业在公众中的合法性和可信度

★ **增进和维系利益相关方关系：**通过提供信息以及建立沟通渠道，社会责任沟通可以有效赢得利益相关方对企业目标的认可，并与其建立互利互惠关系

★ **改变利益相关方的态度和行为：**企业声望和形象的提升、合法性和可信度的提升、利益相关方关系的改善，会对利益相关方态度和行为产生积极影响

2　内容

2-1　确定沟通对象

① 沟通对象识别

★ **沟通对象：** 政府、股东、用户、伙伴、员工、社会、媒体等

② 沟通对象调研

★ **调研方式：** 访谈、问卷
★ **调研内容：** 了解不同利益相关方对于信息获取的差异化期望与诉求

2-2　优化沟通内容

① 内容选择原则

★ **政治正确：** 沟通交流必须在政治立场、政治方向上同党中央保持高度一致
★ **内容平衡：** 描述成绩、展示成果的事实议题，侧重情感、价值观的感性表达
★ **重点突出：** 根据"国家政策、时代潮流、社会热点、利益相关方关注重点 + 企业发展阶段、重点亮点工作"选择沟通的阶段性重点议题

② 常见沟通内容

★ **价值理念：** 公司的价值、使命和理念
★ **公司战略：** 对"建设具有中国特色国际领先的能源互联网企业"的具体阐述
★ **企业业务：** 电网规划、电网建设、业扩报装、营商环境、特高压、树线矛盾、表后服务、防外力破坏、重要保供电、安全宣传、社会公益等议题
★ **履责实践：** 公司在创造经济、社会、环境综合价值方面的行动及成效

③ 收集反馈意见

★ **建立渠道：** 建立利益相关方意见收集渠道，了解各方对公司感兴趣的内容点

★ **优化内容：** 根据利益相关方的偏好调整或优化沟通内容

2-3 丰富沟通方式

① 丰富沟通渠道

★ **传统渠道：** 电视、内刊、报纸、宣传栏等

★ **新兴渠道：** 网页、微博、微信、抖音等

② 策划沟通活动

★ **活动类型：** "请进来"（邀请利益相关方走进企业）+"走出去"（进社区、学校、乡村等与利益相关方进行沟通交流； 参与电视电台节目等传递企业价值、企业故事）

★ **活动风格：** 互动性（与公众对话）、亲民性（沟通内容易理解、有温度）

③ 选择沟通方式

★ **因人而异：** 根据利益相关方的不同信息获取偏好选择差异化的沟通方式和渠道

★ **因事而异：** 根据沟通交流内容的不同选择差异化的沟通方式和渠道

2-4　评估沟通效果

① 沟通效果预判

★　**预判方法：** 明确沟通目标→倒推出想要达成该目标需要采用的沟通
方式、载体和沟通的主要对象

② 沟通效果评估

★　**谁来评估：** 表达主体自我评估 + 沟通对象外部评估

★　**评估维度：** 沟通过程评价（沟通对象、内容与方式是否契合）+ 沟
通结果评价（沟通所达成的目标、产生的效益）

③ 沟通持续改进

★　**怎样改进：** 充分收集利益相关方的意见建议，形成评估—改进的良
性循环

3　路径

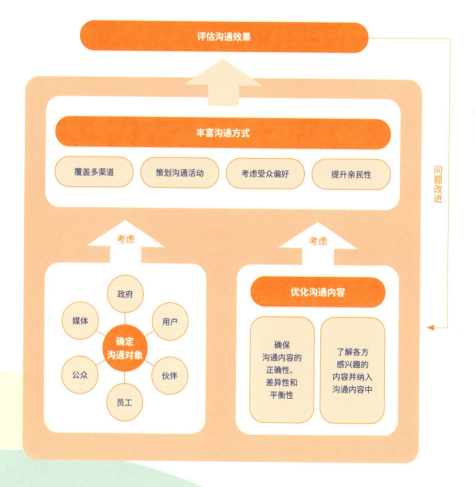

社会责任沟通交流重点工作

工作阶段	工作内容	责任部门、参与人员
确定沟通对象	识别、筛选出公司开展社会责任沟通交流的主要利益相关方	各单位社会责任主管部门、各专业部门
	梳理、总结各个利益相关方的期望与诉求，以及公司与各方的沟通交流方式等	各单位社会责任主管部门、各专业部门、利益相关方
优化沟通内容	坚持以沟通对象为导向，确保沟通内容的正确性、差异性和平衡性	各单位社会责任主管部门、各专业部门、利益相关方
	建立利益相关方意见收集渠道，了解各方对公司感兴趣的内容并纳入沟通内容中	各单位社会责任主管部门、利益相关方
丰富沟通方式	沟通传播覆盖传统媒介、新兴媒体、自媒体等各类渠道	各单位社会责任主管部门
	策划社会责任月、走进国家电网等面对面的、有良好互动参与性的沟通活动	各单位社会责任主管部门、各专业部门
	根据利益相关方的不同信息获取偏好选择差异化的沟通方式和渠道	各单位社会责任主管部门
	提升沟通方式的多样性、互动性、平等性、及时性、亲民性	各单位社会责任主管部门、各专业部门
评估沟通效果	在沟通开始前，预先评估沟通希望解决的问题和想要达到的效果	各单位社会责任主管部门
	在沟通结束后，从自我评价、利益相关方评价两方面综合进行沟通效果评估	各单位社会责任主管部门、利益相关方

4
本节要点

✓ 社会责任沟通要明确"说给谁"，**沟通内容和方式都应以"听众"为导向**

✓ 社会责任沟通要明确"说什么"，**公司理念、价值、战略、业务、履责实践**都是沟通重点内容

✓ 社会责任沟通要明确"怎么说"，**线上**各类平台与**线下**各类活动**相结合**，注重交流的**平等、互动、亲和**

✓ 社会责任沟通要注重"看效果"，积极**吸纳"听众"**对沟通内容、方式的**意见建议**

社会责任课题研究

1　内涵

1-1　社会责任课题研究

社会责任课题研究是指以社会责任相关理念、方法、工具为研究主题，针对需要研究和解决的具体问题，运用科学研究方法找出应对的办法并转化为落地实践成果的研究。

1-2　社会责任课题研究的目的

★ **提升责任认知：**通过开展社会责任课题研究，推动公司员工主动学习、思考、掌握社会责任相关理念、方法、工具，提升公司整体责任认知水平

★ **提升履责能力：**通过开展社会责任课题研究，逐步形成新的员工工作方式、新的业务运营方式、新的社会沟通方式，乃至新的企业管理模式、新的企业发展方式，不断提升公司的履责能力、水平和绩效

"论道践行"

2　内容

2-1　确定选题

① 选题的范围

与社会责任理论、实践研究相关

② 选题的原则

科学、可行、创新

③ 选题的过程

发现问题→经验分析→形成课题

④ 注意的事项

结合实际工作，宜小不宜大，在研究团队的能力范围内展开

2-2　开题论证

① 开展前期研究

查询与课题有关的基础理论、其他研究成果，进一步明确课题研究方向

② 撰写开题报告

报告通常包括主要研究思路与方法、主要研究成果内容、项目研究工作计划、项目研究成员与分工、项目经费测算明细表

③ 参与开题评审

提交开题报告→制作开题汇报课件→进行开题汇报→回应评审组提出的问题→记录评审组提出的建议

2-3 实施研究

① 选择研究方法
调查法、观察法、实验法、文献研究法、实证研究法等

② 具体实施研究
根据研究工作计划，按照研究方法，稳步推进课题研究

③ 研究过程管理
按月总结、汇报课题研究进展情况

④ 应对中期检查
★ **撰写检查报告：** 报告通常包括课题基本情况、项目进度检查、项目经费使用情况检查、项目团队管理情况、存在的问题和拟解决措施

★ **参与中期评审：** 提交中期检查报告→制作中期汇报课件→进行课题汇报→回应评审组提出的问题→记录评审组提出的建议

2-4 总结应用

① 撰写研究报告
根据前期研究成果撰写研究报告

② 准备验收材料
通常包括课题研究总报告、项目简介、课题研究成果、项目验收报告、项目经费决算表、项目成果汇报课件

③ 参与验收评审
提交验收材料、汇报研究成果、进行课题答辩、记录评审组意见建议、修改完善研究报告、研究成果提交入库

④ 成果落地实践
推进课题研究理论成果在系统内的应用推广

3 路径

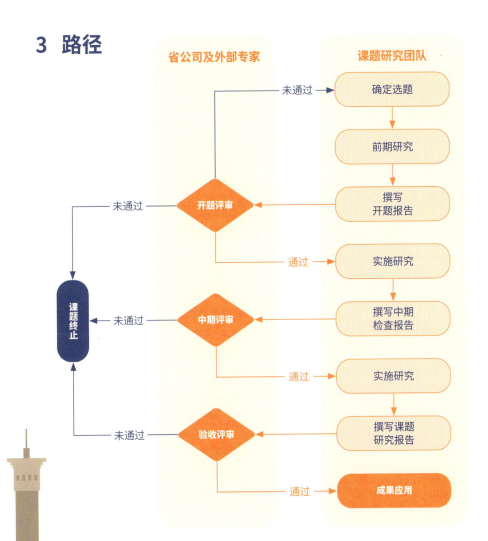

社会责任课题研究重点工作

工作阶段	工作内容	责任部门、参与人员
确定选题	课题研究团队以社会责任理念、方法、工具研究为核心确定选题	课题研究团队
开题论证	开展前期基础理论研究，确定总体研究思路、计划	课题研究团队
	撰写课题开题报告，准备课题开题论证	课题研究团队
	省公司组织召开课题开题评审会，邀请内外部专家进行开题评审	省公司社会责任主管部门、外部专家、课题研究团队
实施研究	按照研究思路、计划开展研究工作	课题研究团队
	做好进度管理，按月向省公司提交课题研究月报	省公司社会责任主管部门、课题研究团队
	撰写课题中期检查报告，准备课题中期检查	课题研究团队
	省公司组织召开课题中期检查会，邀请内外部专家进行中期评审	省公司社会责任主管部门、外部专家、课题研究团队
总结应用	撰写课题研究报告，准备课题结题答辩	课题研究团队
	省公司组织召开课题验收会，邀请内外部专家参与验收，形成课题验收报告	省公司社会责任主管部门、外部专家、课题研究团队
	推进课题研究理论成果在系统内的实践应用	省公司社会责任主管部门、课题研究团队、系统各单位

4
本节要点

√ 社会责任课题研究要将**社会责任与公司业务相结合**

√ 课题选题要注重**科学性、创新性和可行性**

√ 开题论证要说明**项目思路、工作计划、成员分工、经费安排**

√ 项目实施要**紧跟**省公司**评审节点，留好过程性材料**

√ 结题汇报要**说明项目研究成果**和**成果应用推广价值**

社会责任能力建设

1 内涵

1-1 社会责任能力

社会责任能力是指公司及其员工实现履行社会责任的目标或职责所具有的知识、技能和意愿。

1-2 社会责任能力建设

社会责任能力建设是指企业提升员工责任意识、理论知识、实践经验和思维眼界的一系列工作，包括社会责任专项培训、社会责任外部交流、社会责任知识管理、社会责任专项研究等方面。

III 国网新疆电力有限公司
社会责任管理模式

IV 国网新疆电力有限公司
社会责任工作保障

V 附录

社会责任管理工作指南　51

内部
讲师团 **+** 外部
相关方

"内外兼修"

1-3　社会责任能力要点

★ 企业社会责任能力，既包括企业层面的能力，也包括员工层
面的能力，后者是前者的重要组成部分和关键因素

★ 企业及其员工履行社会责任的意愿直接影响企业社会责任能
力的大小，是企业社会责任能力建设的重要内容

2　内容

2-1　社会责任培训

① 制订计划

确定开展培训的次数、类型、主讲人、培训对象、培训课程、培训方式等

② 实施培训

★ **培训主讲人：** 内部讲师团＋外部专家

★ **培训对象：** 领导层、中层干部、社会责任主管部门全员、各专业部门社会责任联络员、全体员工

★ **培训方式：** 授课、讨论、情景式演练、知识竞赛等

★ **培训课程：** 企业社会责任基本概念、企业社会责任常见误区、社会责任工具方法、国网公司社会责任历程、国网社会责任管理工具丛书、社会责任根植项目、全面社会责任管理等

③ 培训原则

★ **分层分类：** 差异化制定领导层、中层干部、基层员工、社会责任主管部门培训内容

领导层： 重点培训宏观理论、价值意义层面的内容

中层干部： 重点培训中观理念方法、社会责任与业务工作的联系等内容

基层员工： 重点培训微观方法工具、社会责任实践案例等内容

★ **由易到难：** 培训应先从基础概念、案例入手，逐步向复杂的理念、方法、工具延伸

2-2　社会责任知识管理

① 总结提炼

★ **知识梳理：** 整理通过社会责任培训、交流、研究所获得的社会责任相关知识

★ **经验总结：** 总结关于社会责任管理、社会责任实践的优秀案例和典型经验

② 资料入库

将知识梳理、经验总结成果归纳入库，形成公司社会责任知识库

2-3　社会责任交流

① 内部交流

★ **交流对象：** 系统内兄弟单位

★ **交流内容：** 社会责任管理经验、社会责任实践经验等

② 外部交流

★ **交流对象：** 社会责任专家、同行业企业、其他行业企业

★ **交流内容：** 社会责任理论探讨、优秀企业社会责任实践案例交流等

2-4　社会责任研究

① 研究原则

在充分理解现有社会责任方法工具的基础上，结合公司实际需求，进行社会责任方法工具的进一步开发

② 研究内容

社会责任指标体系、社会和环境风险管理工具、社会责任沟通工具、社会责任调查工具、社会责任业绩评价工具等

3 路径

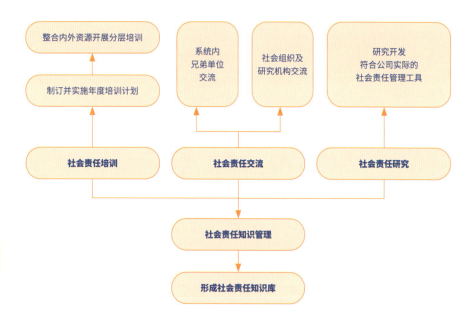

社会责任能力建设重点工作

工作阶段	工作内容	责任部门、参与人员
社会责任 培训	制订和实施公司年度社会责任培训计划	社会责任主管部门
	整合企业内外培训资源，分层次开展覆盖全体员工的培训	社会责任主管部门、外部专家、全体员工
社会责任 交流	加强与系统内兄弟单位的社会责任工作交流	社会责任主管部门
	积极参与社会责任组织或研究机构举办的社会责任交流研讨活动	社会责任主管部门、外部专家
社会责任 研究	研究开发符合公司实际的社会责任管理工具	社会责任主管部门
社会责任 知识管理	常态化总结、复盘社会责任培训、交流、研究内容，形成社会责任知识库	社会责任主管部门

4
本节要点

✓ 社会责任培训要**分层级**开展，逐步覆盖公司领导层、中层干部和基层员工

✓ 社会责任培训内容要根据培训对象的不同进行区分，**管理层侧重理论，基层员工侧重方法和案例**

✓ 社会责任培训可通过**授课、讨论、情景式演练、知识竞赛**等多种形式开展

✓ 社会责任交流分为系统内交流和外部交流，交流内容主要为**社会责任管理经验、实践经验**

✓ 社会责任研究要**结合公司工作实际**，对已有管理工具进行**创新改进**

✓ 要**及时总结**社会责任培训、交流、研究内容，**形成社会责任知识库**

社会责任示范基地

1 内涵

1-1 社会责任示范基地

社会责任示范基地是企业以展示其实施社会责任管理和社会责任实践的创新性、先进性为目的而建设的一种示范平台。

1-2 社会责任示范基地的特征

★ **在性质定位方面具有全局性：** 要求企业立足发展全局，基于企业与内外部利益相关方的互动关系，将企业社会责任理念和要求全面融入企业的使命、战略和文化，谋求企业优化配置资源潜力的充分发挥,形成符合社会价值规范要求的核心竞争优势，协调推进企业与社会的可持续发展

★ **在责任内容方面具有全面性：** 要求企业对其所承担的各种互相作用、互相制约、互为存在的社会责任进行平衡管理。按责任对象划分，包括员工责任、客户责任、伙伴责任、社区责任、企业公民责任等。按责任性质划分，包括经济责任、社会责任和环境责任。企业需要按照不同的管理环境和企业实际，确定不同的社会责任边界，选择不同的实施路径

★ **在实施范围方面具有全覆盖性：** 覆盖企业全体员工，是一种全员管理，不论是企业高层管理人员、中层管理人员、基层管理人员，还是普通员工，都是实施全面社会责任管理的主体和客体。覆盖企业运营的全过程和整个生命周期，是一种全过程管理，涵盖所有的生产经营流程和职能管理体系，着眼实现与企业运营相关的价值链的整体优化。覆盖企业整体运营机制，是一种全方位管理，它要求企业按照社会责任理念对企业价值观、战略、规划、计划、预算、绩效考核等进行全方位的改进与优化

2　内容

2-1　顶层设计

① 组织机构

- ★ **建立哪些组织：** 社会责任领导小组 + 社会责任工作小组

- ★ **领导小组构成：**
  组长——总经理
  副组长——公司党委书记 + 副总经理
  组员——各部门负责人

- ★ **领导小组职责：** 总体方向把控 + 总体协调推进 + 整体质量审核

- ★ **工作小组构成：**
  组长——社会责任主管部门负责人
  组员——各部门社会责任联络员

- ★ **工作小组职责：** 各项任务的执行 + 沟通协调 + 进度把控

② 实施方案

- ★ **实施方案内容：**
  背景意义——说明公司建设社会责任示范基地的目的和意义
  总体思路——以模型的形式说明基地建设思路
  工作内容——说明公司拟开展的工作任务
  工作保障——说明公司在组织、人员、资源等方面的保障
  工作计划——说明各项工作任务的实施计划，包括时间节点、责任人员等

2-2　理念导入

① 导入什么

- ★ **社会责任概念：** 企业社会责任、全面社会责任管理、社会责任根植项目等相关概念

- ★ **社会责任理念：** 社会责任与业务共生、综合价值创造最大化、经济社会环境影响管理、利益相关方理念、透明运营等

- ★ **社会责任方法：** 利益相关方沟通、利益相关方参与及合作、社会责任议题管理、社会责任边界管理、社会与环境风险管理等

- ★ **社会责任工具：** 社会沟通工具、社会责任边界管理工具、利益相关方管理工具、推动各方合作创造综合价值工具等

- ★ **社会责任案例：** 介绍已通过国网公司评审公示的社会责任示范基地的优秀做法、特色亮点、创建经验等

② 怎样导入

★ **社会责任培训：** 分层级（领导层、中层、基层员工）、分类型（基础知识、根植项目、全面社会责任管理）覆盖全员

（具体工作内容参见本指南 52 页"社会责任培训"）

★ **知识读本编制：** 将社会责任基础知识、优秀实践、典型项目编制成册并向全员印发

社会责任基础知识： 社会责任概念、理论、方法、工具（可参见本指南附录）

社会责任优秀实践： 公司在电网规划建设、客户优质服务、抢险救灾保电、服务乡村振兴、推广电能替代等方面的实践案例

社会责任典型项目： 公司及系统内其他单位实施的优秀社会责任根植项目

★ **基地口号征集：** 面向全体员工征集基地口号，加强员工的理念认知

口号征集原则： 体现社会责任理念 + 体现电力行业或地方特色

优秀口号示例：

国网嘉善县供电公司
——"责任＋善未来"

国网吉木萨尔县供电公司
——和合聚力　光明满庭

国网綦南供电分公司
——"綦心点亮綦迹"

国网黄山区供电公司
——"太平电　美黄山"

国网满洲里市供电公司
——"满意无境　周到有礼"

2-3　融入管理

① 融入什么

★ **融入业务工作：** 社会责任融入员工岗位职责＋业务流程

★ **融入基础管理：** 社会责任融入制度管理＋绩效管理＋沟通管理

② 怎样融入

★ **融入岗位职责：** 梳理员工岗位职责→分析岗位职责与社会责任的连接点→融入社会责任理念、方法、工具

　例：

　岗位职责： 电网项目建设管理

　岗位可融入的社会责任方法：

　A. 利益相关方诉求分析／外部视角。

　B. 利益相关方沟通／透明运营。

　C. 共赢合作／资源整合／平台搭建。

　D. 社会与环境风险防控。

　社会责任融入岗位的路径：

　A. 注意电网建设过程中的环境监测与环保监督管理，最大限度降低基建过程中的社会、环境负面影响。

　B. 加强电网建设在施工招投标、工程建设政策宣传、征地赔偿等方面的透明化管理工作，及时向利益相关方公示信息，保障利益相关方的知情权。

　C. 做好电网建设过程中的供应商管理工作，关注供应商的企业社会责任状况，避免发生共谋。

　D. 保证电网建设过程中，与内外部利益相关方的有效沟通，充分考虑内外部利益相关方的合理诉求。

★ **融入业务流程：** 梳理原有工作流程→分析存在的问题或有待提升的环节→运用社会责任理念改进工作方式→形成社会责任融入后的新工作流程

　例：

　业务名称： 配网检修管理工作流程

　原流程存在的问题： 现场工作环节、抢修工作人员配置不合理

　流程可融入的社会责任方法：

　A. 资源共享。

　B. 利益相关方管理。

　C. 社会责任边界管理。

　社会责任融入后的流程优化：

　A. 建设抢修第二梯队。

　B. 简化上下级公司沟通流程。

★ **融入制度管理：** 在制度制定、宣贯、执行、评估环节融入社会责任理念、方法、工具

例：

制度制定环节意见征集：

	第一轮： 制度起草前	第二轮： 制度起草后
征集方法	☆ 实地调研、问卷调查等	☆ 座谈交流、头脑风暴法等
沟通对象	☆ 制度管理部门、制度承办部门、制度执行人员等	
沟通内容	☆ 与制度承办部门沟通，了解本制度的制定意图和目标 ☆ 与制度执行人员沟通，了解其工作开展的实际情况、经验和教训 ……	☆ 制度文本是否符合制定初衷 ☆ 制度内容和流程是否具有可操作性 ☆ 制度与其他制度是否存在冲突 ☆ 职责权限的分配是否合理、明确 ……

★ **融入绩效管理：** 将社会责任工作要求纳入部门、员工绩效考核＋将利益相关方评价纳入绩效考核

例：

社会责任融入绩效合约签订过程：

绩效合约签订过程	社会责任融入要点
☆ 战略目标分析 ☆ 目标层层分解 ☆ 制订绩效计划 ☆ 拟定绩效合约 ☆ 签订绩效合约	☆ 在目标分析中融入外部视野，从社会视角、利益相关方视角重新分析公司的战略和目标，树立起可持续发展的愿景和目标 ☆ 在目标分解与绩效计划制订过程中，融入利益相关方参与，与员工进行充分的沟通，让员工能够主动参与到工作目标和工作任务的设定中，提高员工主人翁意识与主观能动性 ☆ 在绩效合约签订中融入透明运营的理念，积极公开各个部门、各个员工的绩效合约要求，形成相互激励、相互监督的工作氛围

★ **融入沟通管理：** 识别主要利益相关方→梳理不同利益相关方的沟通方式→运用社会责任理念改进沟通方式

例：

沟通议题： 电网建设中的环境保护

沟通重点： 对项目进行调研，明晰施工附近居民意见、进行环境保护宣传

沟通对象： 施工附近社区居民等

沟通方式： 座谈会、电话、拜访、调查问卷等

沟通对策：

Ⓐ 在电网项目的可行性研究阶段，取得建设工程环境评估报告批复意见后，及时采取座谈会、通知、上门拜访等形式，让建设项目周边社区了解到相关信息。

Ⓑ 通过调查问卷、座谈会等形式，了解施工附近居民的意见和建议，有选择性地改进。

Ⓒ 针对有争议的环境问题，提前谋划，在相关社区做好宣传工作，保证社区知情权。

2-4 责任根植

（具体工作内容参见本指南 18~27 页"社会责任根植项目"）

2-5 责任传播

① **传播什么**

★ **重点传播内容：** 公司价值理念、发展战略、履责实践

② **怎样传播**

★ **打造传播窗口：** 完善全面社会责任管理工作活动场所，做好环境氛围营造

★ **开展沟通活动：** （具体工作内容参见本指南 36~43 页"社会责任沟通交流"）

★ **发布履责报告：** （具体工作内容参见本指南 28~35 页"社会责任信息披露"）

3 路径

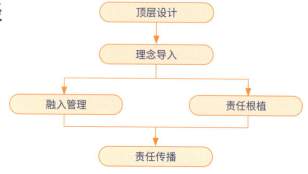

社会责任示范基地重点工作

工作阶段	工作内容	责任部门、参与人员
顶层设计	建立全面社会责任管理领导小组	社会责任主管领导、社会责任主管部门
	建立全面社会责任管理工作小组（联络员队伍）	社会责任主管部门、各专业部门
	制订全面社会责任管理实施方案	社会责任主管部门
理念导入	征集社会责任示范基地口号	公司全体员工
	编制印发社会责任知识读本	社会责任主管部门
	组织开展多层级、多类型的社会责任培训	社会责任主管部门、社会责任联络员队伍、各专业部门、外部专家
融入管理	开展社会责任融入岗位职责的试点、推广	社会责任主管部门、各专业部门
	开展社会责任融入业务流程的试点、推广	社会责任主管部门、各专业部门
	开展社会责任融入制度管理的试点、推广	社会责任主管部门、各专业部门
	开展社会责任融入绩效管理的试点、推广	社会责任主管部门、各专业部门
	开展社会责任融入沟通管理的试点、推广	社会责任主管部门、内外部利益相关方
责任根植	实施社会责任根植项目（具体工作路径参见本指南 18~27 页"社会责任根植项目"）	社会责任主管部门、根植项目牵头部门
责任传播	社会责任环境打造	社会责任主管部门
	组织策划利益相关方沟通活动（具体工作路径参见本指南 36~43 页"社会责任沟通交流"）	社会责任主管部门、内外部利益相关方
	编制发布社会责任履责实践书（具体工作路径参见本指南 28~35 页"社会责任信息披露"）	社会责任主管部门

4
本节要点

✓ 社会责任示范基地建设是一项综合性工作，具体工作内容包括**社会责任根植项目、信息披露、沟通交流、能力建设**等

✓ 社会责任示范基地建设首先要做好顶层设计，包括**成立组织机构**和**制订工作实施方案**

✓ 社会责任示范基地建设要做好理念导入，包括**口号确定、知识读本编制印发**和**各类培训开展**

✓ 社会责任示范基地建设要通过"攒硬币"的方式逐步推进融入管理，包括**社会责任融入岗位、流程、制度、绩效、沟通**

✓ 社会责任示范基地建设要**以根植项目实施为抓手**，推进社会责任与具体业务工作相结合

✓ 社会责任示范基地建设要做好成果总结和传播，包括**开展沟通活动、发布履责行动书**和**打造外部环境**

国网新疆电力有限公司
社会责任工作保障

III 国网新疆电力有限公司
社会责任管理模式

IV 国网新疆电力有限公司
社会责任工作保障

V 附录

社会责任管理工作指南　67

明确管理责任

国网新疆电力负责按照国家电网有限公司总体的社会责任工作规划和部署，制定社会责任工作在疆落地总体路径，统筹开展社会责任工作顶层设计、理论和实践研究。各地市供电企业、业务单位负责根据新疆公司要求部署，开展社会责任实践、沟通、根植项目等工作。各级单位除明确负责社会责任工作的专门部门或专门职位外，还要明确各专业、职能部门的社会责任管理责任。

★ 重视企业社会责任工作，承担社会责任管理的决策和资源配置工作

高层管理者

★ 社会责任主管部门管理者负责社会责任工作规划、评估等组织工作

★ 其他部门管理者负责组织本部门人员贯彻落实相关工作

中层管理者

★ 执行关于社会责任的具体工作任务

★ 做好本职工作，以个人负责任的行为彰显国家电网责任品牌形象

基层管理者和一线员工

完善制度建设

推进全面社会责任管理制度建设，形成公司履行社会责任的长效机制。修订完善公司日常管理制度，明确各部门、各层级的社会责任工作职责，全方位落实履行社会责任的要求。健全完善社会责任培训、考核、信息披露、利益相关方参与、社会责任根植项目等具体工作制度。

加强资源保障

在加强对社会责任工作组织领导的基础上，要为推进社会责任工作提供充分的人员保障，做到部署到位、人员到位、落实到位。保障对社会责任工作的财力和物力投入，建立公司推进社会责任工作的专项预算，确保公司在社会责任推进过程中的各项经费。

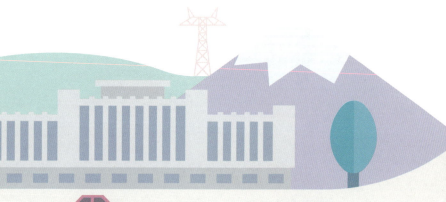

社会责任基础概念

1　企业社会责任

国际标准化组织（International Organization for Standardization，ISO）发布的 ISO26000《社会责任指南》将社会责任概念统一定义为：组织通过透明和道德的行为来确保自身决策和活动对社会和环境造成的影响负责，这些行为包括：

一是有利于可持续发展、健康和社会福利；

二是充分考虑利益相关方期望；

三是遵守法律和国际行为规范；

四是全面融入组织，并在组织与社会、环境的关系之中得到充分体现。

简单地说，企业社会责任就是企业在寻求经济效益的同时，也要对其经营活动对环境、社会和利益相关方带来的影响负责，让正面影响最大化、负面影响最小化，实现各方的利益平衡和可持续发展。

2　社会责任的七大原则和七大主题

社会责任的七大原则包括：担责、透明度、道德的行为、尊重利益相关方的利益、尊重法治、尊重国际行为规范、尊重人权。社会责任的七大主题包括：组织治理、人权、劳工实践、环境、公平运行实践、消费者问题、社区参与和发展。

3　可持续发展

可持续发展是指"既满足当代人的需求又不危害后代人满足其需求的能力的发展"。

4　利益相关方

利益相关方是指可能对组织的决策、政策、活动和目标施加影响或可能受组织的决策、政策、活动影响的所有个人和群体。以国家电网为例，利益相关方既是指国家电网有限公司在运行过程中会影响到的内部和外部的群体、组织，也是指对国家电网有限公司产生影响的群体、组织，例如政府、用户、员工、社区等。

5 透明度

根据 ISO26000 的定义，透明度是指企业影响社会、经济和环境的决策和活动的公开性，以及以清晰、准确、及时、诚实和完整的方式进行沟通的意愿。国家电网有限公司认为，透明度是企业针对信息接收方的需求，及时、准确、清晰地披露其经营管理活动及其产生的影响等信息，并与信息接收方开展有效沟通等各项活动的总和。

6 ISO26000

国际标准化组织（ISO）于 2004 年 6 月最终决定开发适用于包括政府在内的所有社会组织的"社会责任"国际标准化组织指南标准，编号为 ISO26000。2010 年 11 月 1 日，国际标准化组织（ISO）在瑞士日内瓦国际会议中心举办了社会责任指南标准（ISO26000）的发布仪式，该标准正式出台。该指南标准强调遵守法律法规，强调对利益相关方、透明度、可持续发展、人权和多样性的关注。同时，在应用指南时组织应该考虑社会、环境、法律、文化、政治经济等方面环境的差异性。

7 SDGs

联合国可持续发展目标（Sustainable Development Goals，SDGs）是一系列新的发展目标，将在千年发展目标到期之后继续指导 2015—2030 年的全球发展工作，包括 17 个可持续发展目标及 169 个具体目标。

常用社会责任理念

1　社会责任与业务共生理念

社会责任内生于企业决策和活动对利益相关方、社会和环境的影响。企业的任何业务必然会对人和环境产生影响。企业的任何决策，既是商业决策，又是社会决策和环境决策。

2　综合价值创造最大化理念

判断企业行为是否对社会负责任，归根结底要以综合价值创造结果作为科学标准，即企业行为能否促进社会资源的优化配置，最大限度地为社会创造综合价值。综合价值的内容，从价值维度来看，包含经济价值、社会价值、环境价值；从主体维度来看，包含企业价值、利益相关方价值和社会整体价值。

3　利益相关方理念

利益相关方指可能对企业施加影响或可能受企业影响的所有个人和群体。企业在社会中生存，必然与各方发生关系。关系处理得好，可以共赢发展；关系处理得不好，则阻碍重重。与利益相关方建立和谐的关系，有利于企业创造良好的发展环境。利益相关方的识别和参与是企业最为基本的履责实践，也是企业实现综合价值最大化的根本机制。

4　经济社会环境影响管理理念

担责的核心是有效管理企业决策和活动对利益相关方、社会和环境的影响。从内容上讲，包括社会影响、经济影响、环境影响；从形成上讲，包括直接影响、间接影响；从性质上讲，包括积极影响、消极影响。有效管理的内涵，是指凝聚各方力量，最大限度地增加积极影响，最大限度地减少消极影响。要认识、预防和化解项目运行全生命周期过程中的舆情风险、社会风险和环境风险。

5　透明运营理念

透明度是企业影响社会、经济和环境的决策和活动的公开性，以及以清晰、准确、及时、诚实和完整的方式进行沟通的意愿。透明运营就是企业在运营过程中对影响社会、经济和环境的决策和活动应当保持合理的透明度，以保证利益相关方的知情权和监督权。

常用社会责任方法

1　利益相关方分析法

利益相关方分析是指在日常工作中，对每一项业务及改进都考虑：会对谁产生影响以及谁会影响我们；应如何管理与利益相关方的相互影响，实现最大化积极影响、最小化消极影响；应如何处理与利益相关方的关系，充分发挥合作创造综合价值的优势和潜能，赢得利益相关方的信任、理解和支持；是否建立了有效的利益相关方参与机制，以了解利益相关方的期望和要求；结合实际工作，应如何改进。

2　利益相关方沟通

利益相关方沟通需精准分析利益相关方和社会对于电网企业的利益诉求和关注点，掌握利益相关方和社会大众的信息获取习惯和途径，通过系统化和针对性方式，确定利益相关方沟通内容、方式与渠道。

3　利益相关方参与及合作

利益相关方参与及合作主要用于提升供电企业日常工作质量、解决企业运营面临的实际问题，通过选择合适的利益相关方参与及合作渠道、方式、程序等，实现利益相关方目标与企业目标的和谐统一。利益相关方参与及合作的一般程序是在确定利益相关方参与及合作议题与目标的基础上，进行关键利益相关方的识别与分析，通过一系列行动形成参与及合作方案制订、实施、效果评估及总结改进的闭环，最终形成可持续的良性参与及合作机制。

4　社会资源整合

社会资源整合是指企业在解决某个问题或达成某项目标的过程中，着眼于全社会视角，对各种外部社会资源进行识别、整合、重新配置，推动企业内部资源与外部社会资源的相互耦合，促使外部社会资源得到更加高效的配置和更加充分的利用，从而为企业解决问题或达成目标创造更大的价值。

5　社会责任边界管理

社会责任边界是指企业承担社会责任的限度和范围。企业的社会责任不是无限的，而是受内外部条件的约束，有一定的限度和范围，这些限度、范围构成了企业的社会责任边界。社会责任边界管理是指企业通过识别、分析、策划、实施、监督、控制等一系列手段，使自身与利益相关方了解彼此应当履行的社会责任的内容及履行方式等，并推动各方采取措施缩小存在的认知与诉求差异，使之达到合理范围的行动和过程。

6　社会与环境风险管理

企业要做到对社会负责任，必须有效管理自身决策和活动对整个社会大系统的消极影响，最大限度降低自身行为对社会和环境造成的不良后果，有效防范社会与环境风险。这要求企业对于任何决策的制定及任何活动的开展，都应树立社会与环境风险意识，必须评估决策和活动可能对社会与环境造成的消极影响，形成社会与环境风险的科学预测，并针对可能发生的每一项社会与环境风险制定应对策略，确保社会与环境风险的可控、能控、预控、在控。

常用社会责任工具

1 社会沟通工具

社会沟通工具是指针对利益相关方沟通过程的表达不对称、信息不对称、认知不对称等问题，创新改进沟通方式，争取更多利益认同、情感认同、价值认同的方法、手段和路径。其核心是改变以往以内部化的术语和思维进行的工作表达方式和沟通方式，用利益相关方感兴趣、能看懂、易接受的"社会化"语言和思维去传递企业的价值理念、战略、业务、履责实践和绩效。

2 利益相关方管理工具

利益相关方管理工具包括利益相关方识别管理、利益相关方关系管理、利益相关方参与管理等工具。

★ **利益相关方识别管理：** 重点关注企业决策和活动的影响程度、应负的法律义务和责任、谁能帮助有效管理影响、谁在关注决策和活动

★ **利益相关方关系管理：** 重点分析利益相关方与企业关系的性质、所具有的优势、所拥有的资源和能力、对企业的期望及价值标准；明确关系管理的目标和原则、关系建立和维护的策略和路径、关系管理的绩效评价和改进等

★ **利益相关方参与管理：** 包括梳理议题、明确目标、了解期望、分析影响、拟订方案、实施计划、评价业绩、总结改进八个相互衔接、循环改进的环节

3　推动各方合作创造综合价值工具

聚焦问题长效解决方案，深入了解、分析和探讨问题涉及各方的职责、意愿、优势（包括资源、能力、信息）。在明晰各方资源优势的基础上，聚焦激发合作意愿和问题解决潜力，推动各方共同搭建合作平台。聚焦实现优势互补和形成持续动力，建立完善多方合作机制，推动各方各居其位、各尽其能、各享其成、各得其誉，形成社会问题长效解决方案。

4　社会与环境风险管理工具

社会与环境风险管理的一般程序是风险识别、风险分析、风险评估和风险应对。其中，风险识别要求企业在决策和行动之前，合理分析面临的风险和潜在原因；风险分析要求企业具体分析风险发生的条件、后果和影响；风险评估要求企业评估风险发生的概率和风险产生危害的程度，通过风险坐标图的绘制对风险进行定级；风险应对要求企业根据风险识别、分析、评估结果，制定针对性的应对措施。

企业社会责任常见误区

1　公益论

将企业社会责任误认为"单纯支持公益事业",把企业社会责任异化为企业捐赠。损害企业的社会价值创造能力,甚而出现"向企业乱摊派"的回潮。

2　奉献论

将企业社会责任误认为"简单的好人好事和无私奉献",把企业社会责任异化为泛道德的"无私奉献"。让所有的人都成为道德楷模,无疑是"镜花水月",不可持续,甚而导致"好心办坏事"的风险。

3　万能论

将企业社会责任误认为解决所有违法事件的灵丹妙药,把企业社会责任异化为空洞说教的"道德空论"。企业社会责任不是解决触及法律和道德底线问题的灵丹妙药,违法问题只能通过立法和执法解决。

4　报告论

误认为企业社会责任就是"编制和发布社会责任报告"或者说以发布报告为主的社会责任推进工作,把企业社会责任异化为"企业工作业绩的社会表达"。

5　标准论

误认为企业社会责任就是要与各种各样甚至是所谓的国内外社会责任标准相符合，把企业社会责任异化为"特定责任标准认证"。

6　阴谋论

误认为企业社会责任就是某些西方发达国家精心设计的贸易壁垒，旨在遏制中国企业发展，把企业社会责任异化为"西方发达国家遏制中国发展的重大阴谋"。

7　箩筐论

将企业社会责任误认为是什么都能往里装的"责任内容大箩筐"，把企业社会责任异化为内容列举式的"利益相关方责任"，导致对责任内容无限"泛化"、责任边界模糊。

8　议题论

误认为企业社会责任就是关注和落实特定的社会责任议题，如人权、环境保护、维护员工权益、保护消费者权益等，把企业社会责任异化为"特定的社会责任内容"。

9 形象论

误认为企业社会责任就是提升企业形象，特别是追求获得各种各样的评奖，把企业社会责任异化为"品牌形象策划"。

10 赚钱论

误认为企业社会责任就是尽可能地赚更多的钱，要求全社会重温所谓弗里德曼的名言"企业唯一的且仅有的社会责任，就是在遵守社会基本规则的同时，尽可能地赚更多的钱"。

11 负担论

许多企业在决策时认为社会责任是企业的负担，没有意识到社会责任是重要的风险管理机制和工具，有助于企业管理好运营中的社会和环境风险，提升利益相关方对企业决策的认可度，有助于企业全面提高综合价值创造能力、运营透明度、品牌美誉度和可持续发展能力。

12 工具论

认为企业社会责任是企业谋取利润的新手段、追求利润最大化的新工具，或者只是以社会责任为名的市场竞争策略，如公益营销等，甚而美其名曰为企业责任竞争力。